내 영혼에 수를 놓다

시조사랑시인선 10

김지운 시조집

■
내 영혼에 수를 놓다

열린출판

■ 김지운
본명: 김영옥(1968년)
숙명여자대학교 교육대학원 석사(2012년)
유아교육 현장에서 20년간 근무(2000~2020년)
현재 카페 "The 좋은날" 대표(2015~현재)
한국시조 신인상으로 등단(2019)
원주문인협회 회원(2018~현재)
(사) 한국시조협회 회원(2019~현재)
원주여성문인회 회원(2020년~현재)
(E-mail: hannaed@hanmail.net)

내 영혼에 수를 놓다

1판 1쇄 발행 2020년 9월 18일

지은이 | 김 지 운
펴낸곳 | 열린출판
등록 | 제 307-2019-14호
주소 | 서울특별시 성북구 솔샘로25길 28, 114동 903호
전화 | 02-6953-0442
팩스 | 02-6455-5795
전자우편 | open2019@daum.net
디자인 | SEED디자인
인쇄 | 삼양프로세스

ⓒ 김지운, 2020
ISBN 979-11-970404-6-7 03810

*책값은 뒤표지에 표시되어 있습니다.
*저자와 협의하여 인지를 생략합니다.

이 도서의 국립중앙도서관 출판예정도서목록(CIP)은
서지정보유통지원시스템 홈페이지(http://seoji.nl.go.kr)와
국가자료종합목록시스템(http://www.nl.go.kr/kolisnet)에서
이용하실 수 있습니다. (CIP제어번호 : CIP2020038485)

이 시집은 원주문화재단의 2020년 문화예술지원사업으로 발간되었습니다.

■ 시인의 말

살며 사랑하며 느끼던
순간을 담기 위해
첫 시조집을 묶는다

떫고 시린 상념의 시간이
홍시 같은 주홍빛 삶으로
무르익을 때까지
연단의 시간이 필요하리라

설레임 속에
시작(詩作)에서 출간에 이르기까지
응원해 주신 모든 분께
진심 어린 감사를 드린다.

■ 여는 시조

또 다른 시작
-밤(栗)의 고백

한 줄기 빛도 없는
나만의 작은 우주
딱딱한 껍데기 안에 여린 숨 내쉬면서
모태(母胎) 속
아기 자라듯
아득히 꿈을 꿨네

햇살의 따스함과
빗줄기의 촉촉함
바람의 시원함 나뭇잎의 속삭임을
스치는
감각으로만
존재하던 시간 가고

퍼붓는 빗줄기와
작열한 태양 아래
버티고 저항하며 옹골차게 여물다가
'딱' 하던
아람의 순간
내 영혼이 눈을 뜨네

사늘한 바람 불고
새롭게 열린 세상
만지고 볼 수 있는 환희의 설렘 안고
또 다른
세상 향하여
한 걸음씩 나아가네

■ 차례

시인의 말__5
여는 시조 : 또 다른 시작__6

1부 흙내음 그리움 담아

풀빛 고백__15
아버님의 자전거__16
감자__18
콩나물 한 움큼__19
고들빼기__20
천재 울 엄마__22
모국어__24
목련꽃 눈부신 날에__25
그 날의 함성__26
춘난화(春蘭花)__28
내가 반한 남자__29
늦깎이 대학생__30
묻어 둔 기억__31
다락방__32
불청객__34
청소기를 청소하며__36
배추, 1막__38
어릴 적 사랑__40
행거의 부탁__41
접(椄)__42

2부 생각의 실타래를 풀며

복돼지 순댓집__47
퇴고(推敲)__48
자투리 시간을 엮어 가며__50
뺄셈의 국수__51
운곡별곡(耘谷別曲)__52
회색빛의 거북섬__54
소통__55
시클라멘__56
우한에서 장가계로__57
쑥부쟁이__58
시(詩)__59
갓끈 맨 나폴레옹__60
은밀하고 위대하게__61
7월__62
폭염__64
흙의 노래__66
초록이 뒹굴던 날__68
늦가을 스케치__69
추수__70
겨울 바다, 금(金)을 캐다__72

3부 날마다 행복을 엮어

동행__77
하모니 하우스__78
밀레의 만종인 양 __80
칼랑코에 __82
대장간의 여름__83
장가계 가이드__84
동굴로 들어간 남자__85
전환(轉換)__86
생존__88
두 바퀴에 실은 인생 __90
고시원의 밤__92
정선에 딸을 보내며__94
감(甘)__95
브로맨스__96
어부의 아침__98
노포(老圃)의 법칙 __100
배추밭 원정일기__101
이사 온 도토리__102
밭 설거지__104
멧돼지가 되던 날__105

4부 기억을 찾아 달려오는 푸른 날

라일락 그늘 아래서__109

단비__110

바다__112

키 작은 날의 반항__114

상추를 걷어내며__115

거리두기__116

소를 팔듯 차를 판다__117

텃밭 단상__118

초코이야기·1 __120

초코이야기·2 __121

초코이야기·3 __122

초코이야기·4 __124

친정을 떠나오며__125

우렁 아버님__126

생일__127

봉숭아 애가(哀歌)__128

봄은 언제 오려나__130

화장(火葬)__132

두손 병원 응급실__134

위기를 극복하는 DNA__135

평설: 해맑은 시혼과 영성회복의 울림소리__137

1부 흙내음 그리움 담아

조그만 창문 끝에 소망을 매달아서
보자기 자투리로 바느질해 만든 커튼
아늑한 나만의 공간 하루하루 설렜었지

풀빛 고백

풀벌레 울음소리 은여울로 흐르는 곳
어색한 떨림으로 들꽃 다발 받아들고
수줍어 붉어진 얼굴
고개 숙인 열일곱

살며시 어깨 위로 올라온 네 손길이
봉숭아 물든 손톱 살그래 만지던 날
심장은 콩닥거리며
십리 길을 달렸지

꿈인 듯 우련하게 다가오는 그 날 고백
풀물 든 자국처럼 아직도 남아있어
하늘 끝 맴돌고 있는
너를 향한 그리움

먼 들길 어린 추억 실바람 타고 오면
지금도 가슴 안쪽 수런대는 풀잎 향기
다시금 기억을 찾아
달려오는 푸른 날

아버님의 자전거

두 아들 먼저 보낸
심연의 길목에는
욕망을 버려둔 채 오랜 잠자던 은륜(銀輪)
구순(九旬)의 떨리는 발로
녹슨 페달 밟는다

그 옛날 아버지와
장날 가던 설렘으로
애틋한 사연 담긴 먹거리 가득 실어
햇살에 빛난 자전거
보따리가 넘친다

오래된 관절염에
외출이 힘든 아내
우묵한 가슴 한 켠 애련함 남았는데
오늘은 5일장 돌며
아내 허기 채워 본다

시름과 기쁨들을
두 바퀴에 실은 세월
무성한 삶의 기억 은발(銀髮)에 묻어오고
주름진 생을 펴시며
달려가는 황혼길

감자

잘려진 아린 상처 검은 재 품어 안고
기나긴 시간 빚어 웅크려 앉은 채로
흙 내음 그리움 담아
둥그렇게 꿈을 꾸네

순백의 어여쁜 꽃 아쉬움 뒤로하며
어둠 속 희소식을 알려준 답신으로
탯줄 친 땅속 비집고
여물어 간 황금알

콩나물 한 움큼

꼭지네 가게 지나
은행나무 상점에는

콩나물 한 움큼을 더 주는 후한 정에

동트는
아침이 오면
재촉하는 우리 엄마

소쿠리 그득 담아
오는 길 가만가만

꼭지네 볼까 봐서 콩콩콩 뛰던 가슴

소쿠리
콩나물들도
덩달아 콩닥콩닥

고들빼기

지상의 모진 바람 혹독한 추위 견뎌
땅 위와 땅 아래의 언저리에 토한 진액
검게 타
감내한 시간
고달프던 흔적들

깨지고 터지면서 이리저리 떠돌다가
한 줌 흙 의지하고 올곧게 뿌리 내려
아프던
제 몸 감싸며
그 속에서 고인 쓴 물

소쩍새 울음 끝에 갈퀴 잎 자라나고
척박한 대지 위에 질긴 줄기 뻗어 가니
마침내
노오란 꽃을
입에 물고 서 있다

거칠게 자라면서 가슴 깊이 응어리진
쓰거움 우려내고 밥상에 올린 지혜
쌉쌀한
약성 버무린
민초 같은 우리네 맛

천재 울 엄마

무릎이 아픈 엄마
수술 차 입원했지
"○○○ 67세, 여,
AB형" 적혀 있네

의외로
놀란 자녀들
엄마를 놀렸었지

예부터 AB형은
바보나 천재인데
바보는 아니니까
천재라고 말하면서

한밤중
환자들 모두
잠이 든 후 들린 소리

"에이염, 비염, 오염, 그리고 아이비염
에이염, 비염, 오염, 그리고 아이비염
참말로 어렵구만유
혈액형이 영어라서…"

모국어

나랏말 어려워서
세상 이치 목마를 때
위대한 세종임금 글문을 터주었지
백성들 서러웠던 한(恨)
씻어 주신 자애로움

기억은 '아'를 품어
강물로 출렁이고
비읍은 '아'를 안아 바람으로 사운대는
깍지 낀 모자의 사랑
포옹하는 아리따움

어릴 적 침을 묻혀
또박또박 눌러쓰던
모음 열, 자음 열넷 일만 천 언어 향연!
불 밝힌 금빛 시어가
화산처럼 타오른다

목련꽃 눈부신 날에*

연초록 작은 잎새 교정에 촉 세우고
정갈한 봄 햇살이 은빛으로 반짝이면
학창의 아련한 꿈이 하늘 가득 넘쳐오네

올곧은 열정으로 제자들 훈육하고
자애와 베품으로 글 이랑 일구시던
여울져 흘러온 세월 파도처럼 밀려오네

강원의 유아교육 기틀을 마련하고
오랜 연륜 쌓으시며 굳건한 성(城) 지켜내던
교육의 개척 금자탑 보석처럼 빛나리

봄꽃 향 온누리에 향그러이 흩날리며
후학들 옹기종기 나누는 꽃 그리매
정겨운 추억의 노래 강물처럼 흐르겠네

*2018.4.3. 존경하는 김연진 교수님의 퇴임을 축하드리며....

그 날의 함성

반만년 역사 속에 소중히 지켜온 땅
해와 달 뜨지 않아 한반도는 칠흑 어둠
별들은 피멍이 들고
갈 길마저 잃었구나

일제의 말발굽에 짓밟힌 모진 세월
억눌린 오랜 울분 장터에서 터뜨렸네
민초들 결기를 모아
독립만세 외쳤어라

가슴속 마그마를 적삼 깊이 감추어서
뜨겁게 분출하던 우레 같은 붉은 함성
외침은 노도(怒濤)가 되어
섬강으로 휘돌고

만세의 메아리는 태기산 돌고 돌아
삼천리 울려 퍼져 머나먼 이국땅도
장렬한 태극기 물결
민족의기 드러냈네

견딜 수 없는 고문, 창살에 맺힌 절규
침략자 군홧발에 찢기고 쓰러져도
변절치 않고 갈망한
대한민국 자주독립!

선열들 푸른 투혼 하늘도 감복하여
어둡던 동토(凍土)마다 무궁화 피어나니
백로(白鷺)는 자유의 날개
하늘 멀리 펼쳤어라

춘난화(春蘭花)

청초한 몸피 여니
은 여울 흐른 자태

고개를 떨구고서 안으로 맴돈 향기

별 밤에
맺힌 이슬이
천 년 동안 품은 사랑

내가 반한 남자

만나면 수줍어서 어정쩡한 미소 띠고
당신을 좋아한다 말 한마디 못하면서
우수에 찬 모습으로
기타만 치던 남자

가진 것 없었어도 솔직해서 좋았던 날
내 마음 다 가져간 도둑 같은 사람이여
설레던 내 가슴 속에
밀물처럼 다가왔네

해질녘 턱수염이 거뭇거뭇 내려오고
땀 내음 묻어나는 노을 진 저녁 오면
평온한 안식의 시간
자스민 향 같은 사랑

분주한 일상 속에 알뜰살뜰 못 챙겨도
투박한 인정 담아 고통을 숙성시켜
화석된 수억 년 세월
묻어 두는 기억들

늦깎이 대학생

서린 눈 비벼가며 교실에 들어서니
하얗게 밤새웠는데 머릿속은 캄캄하고
가슴이 답답해졌던
때늦은 시험공부

모든 일 뒤로한 채 즐겨 찾던 도서관
책 펴면 내려앉는 졸린 눈 움켜잡고
지식에 눈을 떠가며
쌓아가던 학구열

노을이 깊게 깔린 땅거미 진 저녁 무렵
허기진 배를 잡고 채우고픈 부푼 꿈
오늘도 배낭 속에서
꿈틀대며 설렌다

묻어 둔 기억

날 위해 보증해 줄 사람이 있을까요?
새내기 사원 시절 가져오신 보증서류
예전에 미처 몰랐던 아버지의 깊은 배려

어렵게 받아오신 서류봉투 전해 주며
"잘해라" 당부하며 돌아서는 아버지의
등 뒤에 어린 사랑이 내 가슴을 울립니다

다락방

내 방을 갖고 싶어
다락으로 올라갔지

쌓인 짐 옮겨놓고 자그마한 상을 펴며

백열등 불빛 아래에
흔들흔들 꿈을 꿨네

조그만 창문 끝에
소망을 매달아서

보자기 자투리로 바느질해 만든 커튼

아늑한 나만의 공간
하루하루 설렜었지

밤하늘 별을 따며
추억을 엮어 갔네

잠버릇 요란하여 계단 타고 구르던 날

깨어나 깜짝 놀라도
행복하던 그 시절

불청객
-갱년기

간밤에 잠 못 들게
내 속을 들쑤시며

부르지 않았는데 당신은 찾아와서

내 몸을 뒤흔든 반란
삶의 앙금 자극한다

얼굴은 빨개지고
분노가 차오르니

서글픈 시간 속에 내 가슴은 죄어오고

하얗게 지낸 밤 속에
쌓다 허문 미움의 탑

침침한 눈빛 속에
떠오르는 지난날들

흰머리 늘어 가고 주름이 깊어 가면

그 바람 이제 멎을까
손님은 말이 없네

청소기를 청소하며

밤사이 내려앉은
꽃잎 같은 흔적들을
누비며 훑으면서 상하좌우 요동친다
고달픈
하루 보내고
외로이 서 있는 너

남 위해 다가가서
먼지로 배 채우고
모서리 닳고 닳아 통증만이 서글픈데
푸른 꿈
사라져 가는
슬픔만이 남은 저녁

아무도 너의 수고
헤아리지 않더라도
이 세상 너로 인해 새롭게 빛나리라

빚진 맘
갚지 못하여
어루만져 닦아본다

배추, 1막

밭고랑 성난 풀들
뽑고 다진 초가을에
날 위한 보금자리 도닥도닥 마련하고
먹 비닐
배냇저고리
입혀주며 들인 정성

가누지 못한 목이
젖 빨듯 물기 올려
눈 맞춰 바라보니 한 잎 두 잎 팔랑팔랑
춤추고
재롱부리며
함께 여문 생각들

내 살을 갉아대며
괴롭히던 벌레 녀석
일일이 잡아주며 안의 상처 덧날까 봐

동여매
감싸 준 사랑
속이 차며 철이 들고

바람도 시린 계절
백 일간 자라면서
쌓은 정 내려놓고 낯설며 두렵지만
또 다른
미지의 세상
아쉬운 듯 떠나가네

어릴 적 사랑

솜털이 보송보송 만나면 두근두근
하얀 꽃 듬뿍 따서 머리에 꽂아 주면

달콤한
아카시아 향
내 가슴에 물들던

세월을 굽이 돌아 이쯤서 바라보니
소복이 쌓인 풋정 달빛 따라 스며들고

결 고운
추억 한 송이
꽃향 진한 그리움

행거의 부탁

바닥에 널브러져
절망은 쌓여지고
힘겨운 몸싸움에 엎어진 생의 흔적

살포시 내 몸에 안겨 새로운 삶 꿈꿔라!

구겨진 네 모습은
날마다 반듯해져
기대와 설렘으로 새롭게 눈뜬 아침

선택된 기쁨 속에서 사계절을 누려라!

어깨를 나란히 한
옷걸이 의지하며
단단한 지지대인 나에게 매달리어

인생의 중심을 잡은 가온누리 되어라!

접(椄)

뜨거운 열정 여자
차가운 이성 남자
서로가 빠진 매력 접(椄) 붙여 하나 됐네
잘라진
상처 덮으며
연결되던 생명체

한낮의 이글대던
태양을 끌어안고
쏟아진 작달비에 서로가 함께 울다
기나긴
기다림 끝에
고개 내민 연둣빛 싹

얹혀진 상대편의
삶의 무게 견뎌내며
어둡던 긴긴밤을 지새우던 숱한 날들

너와 나
고통의 산물
하늘 향해 꽃잎 연 날

나비와 벌들 와서
축제를 열어주네
저 하늘 별이 뜨면 꽃향 더 짙어가고
아직 더
무르익어가야 할
내 사랑의 그대여!

2부 생각의 실타래를 풀며

구름 속 가을볕에 고추를 말리듯이
틈을 내 읽는 시(詩)집 별이 뜨고 샘이 솟아
생명의 양식이 되어 영혼을 살찌우네

복돼지 순댓집

안주인 양 팔뚝에 상흔(傷痕)이 선연하다
살아온 자취만큼 세월을 휘돌아서
건너는 여울 살마다 굽이굽이 견딘 삶

비릿한 세상살이 서글픔 우려내고
살코기 내장 순대 뚝배기에 찰랑이면
후끈히 달아오르는 혈관 속의 포만감

남루한 일상들은 더께로 쌓여지고
잡다한 상념 속에 소주가 희석될 때
고역의 시름 토하며 아수라 꽃 피운다

취기로 비틀대는 파장(罷場)의 순댓집에
뽀오얀 국물처럼 다가오는 주인 미소
긴 여정 고단한 하루 별빛 속에 묻힌다

퇴고(推敲)

평범해 단조로운 연분홍 블라우스
진주알 단추 달고 레이스 덧대주니
보랏빛
코사지 위에
저녁 별로 뜨는 나

쉰 줄의 동창 모임 자존심 부풀리어
페리도트* 목에 걸고 스카프 둘러보네
마지막
머리 손질이
의외의 복병일 줄

위아래 둘러보니 80년대 코디 같아
레이스 걷어내고 스카프 풀어본다
한결 더
가벼워진 나
소나기 후 풀잎 같아

요란한 매니큐어 외출 전 벗겨 내고
방울로 머리 묶어 매무새 반전 모드
단아한
8월의 외출
생기 도는 발랄함

*페리도트: 8월의 탄생석. 행복한 부부 생활과 우정, 희망,
 지혜를 상징하며 일반적으로 맑은 연둣빛을 띠고 있음.

자투리 시간을 엮어 가며

장마철 빨래 말릴 틈새의 햇살처럼
시간의 악보 속에 쉼표로 잠시 쉬며
다시금 여유를 찾아
푸르른 날 달려오네

구름 속 가을볕에 고추를 말리듯이
틈을 내 읽는 시(詩)집 별이 뜨고 샘이 솟아
생명의 양식이 되어
영혼을 살찌우네

마름 천 조각조각 엮어 만든 퀼트처럼
바늘 끝 한 땀 한 땀 완성하는 기쁨 안고
시간을 바느질하며
내 영혼에 수를 놓네

뺄셈의 국수*

할머니 살아왔던
세월 닮은 국수 가락

맹물로 끓여 나온
담백한 육수 맛은

민낯의 화장기 없는 치장하지 않은 여인

깨 얹은 양념간장,
신 김치 한 점 올려

푸근한 손맛 속에
시장기 달래주던

구수함 입안에 맴돈 할머니의 옛이야기

* JTBC 아침&뉴스워치 (2019년 10월 10일)에 방영된 울진의
 '할머니 국숫집'을 시청 후 소회

운곡별곡(耘谷別曲)

자연과 조우하던 은일(隱逸)의 세월 속에
누졸재(陋拙齋) 움막 지어 학문을 닦은 여정
수련과 훈육의 자취 창연(蒼然)하다 저 뜨락

결기의 청백(淸白) 선비 충절의 불사이군(不事二君)
태종대 머문 임금 발길 돌린 죄스럼에
노구소 애닯은 사연 안개비에 젖었네

추구한 안빈낙도(安貧樂道) 부(富)와 귀(貴) 초월하고
목민관 오정(五政) 덕목 민생 안정 구현하신
숭고한 애민(愛民)의 등불 세세연년(歲歲年年) 빛나리

칠백 년 서린 혼백 절의(絶義)가 남긴 흔적
올곧은 신념으로 백학이 날개 펴니
청솔의 영원한 향기 치악골에 흐른다

*누졸재(陋拙齋): 운곡선생이 머물렀던 누추하고 옹졸한 집.
*오정(五政): 운곡이 하윤원 자사에게 올린 장문의 서문에 나오는 목민관이 갖춰야 할 다섯 가지 정(政). 너그러운 정치(관정/寬政), 잘하는 정치(선정/善政), 청렴한 정치(염정/廉政), 보답하는 정치(보정/報政), 감화시키는 정치(감정/感政)를 말함.

회색빛의 거북섬

매지리 호수 위의 우뚝 솟은 거북섬엔
풍부한 양식 찾아 날아드는 가마우지*
포착된 먹이 사냥감 잽싸게 낚아챘지

살이 찐 그 녀석은 섬 위의 소나무에
짝 만나 새끼 낳고 둥지를 틀었다네
드넓은 호숫가의 성 가마우지 집성촌

쌓이는 배설물로 나무는 시름시름
병들어 고통하며 절망 속에 울부짖고
푸르던 추억을 잃은 고목들만 무성한데

삶 속의 풍요로움 축복인가 저주인가
자연을 훼손하는 생존의 먹이사슬
죽음의 공포 가운데 숨을 쉬는 피조물

소통

바람은 나무에게
내 길을 막았다고

나무는 바람에게 내 몸을 흔든다고

내 입장
주장하면서
우겨대는 외고집

한 발짝 물러서며
네 입장 생각하고

서로를 도닥이며 함께 갈 세상 길에

가지 잎
다 떨구고서
깨달았던 참 이치

시클라멘*

여름내 잠을 자다
기지개 편 얼음공주

얄미운 바람 속에 고운 치마 뒤집어져

수줍은 마릴린 먼로
부끄러워 빨개진 볼

*시클라멘: 한겨울에 피는 구근식물. 꽃말은 수줍은 사랑,
 내성적 사랑

우한에서 장가계로

붉은 놀 물든 저녁
여덟 시간 차 안에서
오로지 가능한 건 조용히 눈을 감고
시간의 미로 속으로
나 자신을 가두는 일

가끔의 경적 소리
침묵을 깨우더니
잠들던 먼지 같은 자유를 일으킨다
황홀한 오늘만큼은
이 고요를 사랑한다

쑥부쟁이

연보라 톱니 감아
돋아난 노란 꽃술

떠나간 양반 도령 애달피 기다리다

가난한
대장장이 딸

전설이 된 아린 영혼

시(詩)

오늘도 호숫가에
미끼를 던져 본다

마음을 내려놓고 바라보는 물결 위에

대어를?
미꾸라지를?

동공은 흔들리고

낚싯대 들어보니
보이는 건 허탄한 시심

또다시 내던지고 내려놓는 가슴 속에

조용히 작은 시어들
몰려오는 한나절

갓끈 맨 나폴레옹
-홍의장군 곽재우

붉게 핀 작약 꽃잎 떨어진 임진년에
간절한 구국일념 일신영달 초월하여
백마 위 홍의 날리며 돌진하던 의병장

역사의 비극 앞에 의병 모아 봉기하고
기묘한 전술지략 굳게 지킨 의령 관문
충의로 지펴진 불길 정암진에 타올라

왜적들 호남 진출 도강(渡江) 야욕 몰살시켜
추락한 이 땅의 명예 다시금 회복시킨
하늘이 조선에 보낸 갓끈 맨 나폴레옹

혼과 얼 서려 있는 의연한 저 솥바위
충절의 물줄기는 남강을 휘돌아서
승전가 함성 드높여 출렁이며 흐른다

은밀하고 위대하게

붉은 해 떠올릴 때
요란한 소리 없고
차디찬 둥근 달도 아무런 말이 없다
봄밤에
향기로 채운
만발한 꽃들 향연

온 세상 다 밝히고
다 채워도 은밀하게
스스로 말 안 하고 묵묵히 그 자리에
우주 속
생의 움직임
소리 없이 위대하다

7월

허공을 비상하는
새들 깃 가뿐하다

푸르러 윤기 넘친 뜨락은 초록 향기

만개한 루드베키아
가슴 열어 하늘 보네

때로는 작달비로
우울을 씻어내고

산마루 뭉게구름 하늘에 수놓을 때

피자두 실한 열매들
햇살 안고 익겠다

우기(雨期)의 바람처럼
변덕 심한 우리네 삶

마음에 심지 하나 지키고 사노라면

여름밤 은하수 건너
백조좌(白鳥座)도 빛나리

폭염

작열한 태양 아래
목마름 깊어 가고
체온을 훌쩍 뛰어 최강 기온 초월하니
불가마 용광로 속에
끓고 있는 한반도

실개천 미루나무
투신하는 말매미들
고랭지 배추밭에 주저앉아 타는 농심(農心)
하늘은 천연덕스레
뭉게구름 펴 놓네

그 누가 지구 위에
군불을 지펴 놨나
끈질긴 더위 사냥, 소나기도 꺾지 못해
수은주 부채질하니
재난 문자 쏟아지네

도심 속 초열대야
탈진된 불면의 밤
밤하늘 별을 세며 뒤척이다 풋잠 들면
방충망 틈새 비집고
스며드는 한 줄 바람

흙의 노래

기나긴 겨울 지나
눈 녹아 숨 쉬는 땅
차디찬 대지 위에 봄바람 스며들면
햇살의 간지러움에
기지개 켠
푸른 꿈

들녘 위 아낙네들
도란도란 냉이 캐고
물오른 고랑마다 아지랑이 피어나면
차가운 바람 향기에
움을 틔운
연둣빛 봄

먼 산의 뻐꾸기가
왈츠로 지저귀면
보슬비 속삭임에 청보리밭 촉촉한 흙

살포시 리듬 타면서

구릿빛

춤을 춘다

초록이 뒹굴던 날*

무성한 나뭇잎이 거리를 나뒹군다

흩어진 가지처럼 배회하는 빈 허물들

길가에 가득 채우는 초록 잎새 여린 영혼

냉혹한 현실 속에 영글지 못한 채로

멀어져 서글픈 꿈, 바람 세찬 언덕 넘어

태풍에 잘려나가며 정처 없이 방황한다

온몸이 이리저리 강풍에 흔들리다

부딪혀 부러지고 쓸리고 멍들어도

거친 숨 몰아쉬면서 놓지 않는 아린 꿈

* 태풍 '링링'으로 말미암아 강풍 불던 날 (2019.9.7.)

늦가을 스케치

쪽물 밴 그리움이 해거름에 어룽대고
소슬한 뜨락 위로 붉어진 화살나무
수묵 빛 어둠 사이로 돋아나는 저녁별

갈대는 서걱이며 첼로 현에 휘청대고
낙조로 타는 강가 낮게 울며 떠나는 새
물컹한 서러움 안고 산자락을 흔든다

무성히 나부끼는 시간 속 후회들이
밤하늘 달빛 따라 한 음계 내려가면
빈 숲에 수런거리는 수척한 바람 소리

뼈마디 시려 오는 계절이 오나 보다
비우고 버리고 갈 빛바랜 그대 모습
쓸쓸히 바라보는가 별리(別離)의 가을 손님

추수

이른 봄 모판에서
어린 모 키워내고
봄비 속 옮겨 심어 튼실하게 자란 녀석
가뭄과
비바람 견뎌
어느새 속이 찼네

개구리, 소금쟁이,
메뚜기와 잠자리 떼
어깨를 나란히 한 옆 친구와 든든하게
태풍과
장마 속에도
무던히 견뎌 왔네

벼 이삭 벨 때마다
쟁여놓는 마음 부자
이마 위 땀방울은 힘겨워도 신이 난다

큰아들
학비 걱정을
잠시 놓는 가을 오후

짧아진 햇살 따라
농부 마음 앞서가고
석양에 고개 떨궈 영글어 간 벼 이삭
어어히
참새 쫓으며
한 몫 거둔 허수아비

겨울 바다, 금(金)을 캐다

별빛 속 양동이 든 아낙들 승선한 배
바람 속 물결 아래 금(金) 그물 당겨 온다
수온이 떨어진 겨울
살이 오른 피조개들

맹추위 몰려드는 바지선 위 선별작업
변변한 바람막이 하나 없는 뱃전에서
순간을 멈출 수 없어
마비되는 손과 발

요동치는 거센 풍파 온몸으로 투항하며
바람과의 사투(死鬪)로 바다는 멍이 든다
채워진 삼천오백 망
긴 밤 지샌 전투 무게

수평선 품에 안고 만선 기쁨 출렁일 때
갈매기 마중 나온 맥전포항* 정박하면
오늘의 무사 귀환(無事歸還)은
바다가 준 최고선물!

*맥전포항: 경남 고성군 하일면 춘암리. 사량도 북서쪽으로 5.3km 떨어진 작은 항구.
*EBS 극한직업 경남 고성군 맥전포항 '겨울 조개잡이'를 시청 후 그들의 삶을 시조로 표현함.

3부 날마다 행복을 엮어

안도와 평안함이 은총으로 쌓여가고
밀레의 만종인 양 고개 숙여 기도할 때
서로의 불협화음도 은빛 찬양 되리니

동행

희뿌연 겨울 안개 멀리 뵈던 실루엣이
둘인 듯 하나인 듯 점이었다 선이 되어
싸락눈 흩뿌린 보도
풍경되어 오시네

남편은 오른쪽을 아내는 반대쪽을
연거푸 풍을 맞아 의지해 기댄 세월
등 시린 삼동(三冬)의 계절
헤쳐 가는 두 걸음

반(半)을 잃고 반(半)을 얻어 채워진 저 충만함
견고한 지팡이로 영원한 동반자로
난바다 멀고 긴 여정
날아가는 비익조(比翼鳥)*

*비익조: 날개와 눈이 하나밖에 없어서 짝을 짓지 않으면 제 대로 날 수도 볼 수도 없는 실제 존재하지 않는 상상의 새. 당나라 시인 백낙천이 장한가에서 현종과 양귀비의 사랑을 비익조에 비유해 노래하면서 유명해지기 시작했다 함.

하모니 하우스*

뒤태가 수려하고 앞모습 아름다운
여인의 모습인 양 우뚝 선 귀한 자태
오거리
살가운 풍경
축복 어린 안식처

새벽녘 앞마당엔 풀잎 향 싱그럽고
한나절 햇살 미소 온 창에 드리운 곳
밤이면
별들 내려와
속삭이다 가지요

꽃향기 틈을 내준 창가에 기대서면
층마다 사는 모습 바람이 전해 주고
날마다
행복을 엮어
더불어 살아가네

색소폰 음률 따라 노을은 붉게 타고
연못의 분수대가 리듬 타고 출렁이면
자연의
오케스트라
평화 깃든 집이여!

*하모니 하우스: 카페 "The 좋은 날" 앞에 새로 지어진
 다세대 주택

밀레의 만종인 양

끈적한 땀 내음이
묻어나는 석양 무렵

한나절 해를 끌고 집으로 돌아온 후

노부부 드리는 예배
경건함이 흐른다

안도와 평안함이
은총으로 쌓여가고

밀레의 만종인 양 고개 숙여 기도할 때

서로의 불협화음도
은빛 찬양 되리니

시간의 주인이신
하나님께 감사하며

드리는 기도 향기 하늘 곳간 채워질 때

축복은 은혜의 강에
출렁이며 흐른다

칼랑코에*

밤하늘 작은 별들
땅 아래 내려와서
흰색과 주황, 다홍, 노랑, 분홍 옷을 입고
어여쁜 꽃봉오리로
올망졸망 모여 사네

혼자는 외로워라
첫 꽃 피던 설렘 안고
사계절 함께 피어 마을마다 꽃등 밝혀
더불어 살아가자고
속삭이며 반짝이네

*칼랑코에: 일 년 내내 피는 다년생 식물. 꽃말은 인기, 평판, 민망, 설렘

대장간의 여름

맹렬한 태양 공세 쏟아붓는 폭염 속에
아내와 다툰 아침 울화통 터져 오면
가열된 내부 열기는
오십 도(度)로 상승되네

가슴 속 끓는 분노 삼켜버린 불가마
풀무에 정화시켜 담금질로 열 삭히고
모룻대 연이은 매질
쩌렁쩌렁 울어대네

끈적한 노동 후에 사그라진 화롯불
슬럿지 파편으로 검붉어진 운동화 속
땀범벅 고역의 하루
푸념 담아 벗어 놓네

발 디딜 틈도 없는 열다섯 평 작업 공간
모팔모 꿈꾸었던 강철검 희망 안고
쉼 없는 뜨거운 열정
무쇠처럼 단단하다

장가계 가이드

아들딸 같은 손님, 부모님 같은 손님
누나와 같은 손님, 형과 아우 같은 손님
더러는 무뚝뚝하고 까다로운 손님들

다시는 정을 주지 않으리라 결심하며
날마다 익숙해진 여행지를 소개하다
어느새 정이 들어서 헤어짐이 애달프다

피곤이 쌓여오는 여행의 마지막 날
반복된 관광 안내 두려움은 없지마는
아직도 서툴고 낯선 아쉬움의 이별 시간

또다시 고객들과 시작되는 일상 속에
적당히 손 내밀어 악수하며 배웅하는
그 정도 정을 주리라 또다시 다짐한다

동굴로 들어간 남자

금성에 살던 남자
화성에 살던 여자
지내던 별이 달라 이해가 안 되는 날
남자는 자신의 피안(彼岸)
동굴로 들어가지

캄캄한 그곳에서
온몸이 축축해져
뒤엉킨 갈등 속에 풀지 못한 삶의 고민
어둠의 침묵 가운데
갇혔어도 자유롭다

태곳적 스승님을
만나기나 한 것일까
화석의 비밀문자 풀기라도 한 것인 양
다시금 환한 얼굴로
돌아오는 그 남자

전환(轉換)

날마다 놀이하고
호흡하며 쌓은 시간
구별된 벽에 스민 무지갯빛 지난날이
생각 속
요동친 미련
앙금처럼 가라앉고

'쿵'하고 벽 허물 때
아련한 너희 기억
조각나 부서지는 먼지처럼 흩어지며
웃지만
울고 서 있는
내게로 와 위로한다

심장을 불태우며
질주하던 어린이집
이십 년 세월 속에 쌓아 올린 시간들이

추억의
그림자 물고
고개 돌려 미소짓네

더께로 추억이 된
묵은 흔적 벽지 떼며
내 생애 더 좋은 날 오리라 기대하니
벽 하나
허물 때마다
넓어지는 희망 지평

생존

겨우내 얼음 밑의
네 모습 궁금해서
그 앞을 바라보며 애태우던 많은 날들
실바람
봄 햇살 아래
녹아드는 연못물

얇아진 얼음 사이
어렴풋이 본 실루엣
반가운 마음 앞서 먹이 주니 나타났네
북극의
이글루 같은
그 속에서 견뎠구나

극한의 물속에서
올망졸망 의지하며
돌 틈새 몸 숨기며 함께 버틴 추운 겨울

진달래
꽃 피는 계절
한숨 쉬며 하늘 보네

두 바퀴에 실은 인생

앞바퀴 사랑 싣고
뒷바퀴에 희망 실어
아쉬움 서러움도 바람에 내던지며
오늘도 굴러간다네
후반전의 인생길

등 뒤로 밀어주는
순풍에 힘입어서
앞에서 몰아치는 역풍의 고통들을
이기며 달려간다네
두 바퀴에 꿈을 담아

오대양 육대주를
온몸으로 부딪치며
낯선 땅 어색한 말 두려워하지 않고
다가서 손을 내밀면
친구 되는 온 세상

아내와 토닥토닥
앞서거니 뒤서거니
그래도 벗이 되어 의지하며 지낸 세월
당신과 함께했기에
아름다운 여행의 길

*최광철 원주 전 부시장의 '수상한 부시장' 자서전을 읽고
 부부의 생애를 시조로 표현함.

고시원의 밤

땀 내음 흠뻑 배인
지친 몸 끌고 온 밤

한 평의 무덤 같은 숨 막힌 공간에서

피곤한
하루를 풀며
누워보는 쉼의 자리

빨랫줄 널려있는
속옷들 서글픈데

소음이 파고드는 현란한 빌딩 속에

갇혀진 열대야 도시
선풍기로 식혀본다

진종일 연습하고
돌아온 단칸방에

가족들 보고픈 맘 눈물로 삼켜가며

되고픈 연예인 꿈을
움켜쥐며 잠든다

정선에 딸을 보내며

그 옛날 선비들의 귀양살이 유배지던
정선에 딸 보내며 마음이 우울하다
산길을 구비 돌아서 도착했던 낯선 땅

아늑한 시골 마을 병풍 같은 산 아래의
관사(官舍)에 짐을 풀고 떼지 못한 부모 발길
발병 난 아리랑 속의 인물처럼 멈춰 섰다

통통한 젖살 오른 앙증맞던 그 아이가
어느새 다 자라서 제 몫을 한다는데
연결된 탯줄을 자른 그 날처럼 맘이 허해

곤드레 잔뜩 쌓인 아우라지 장터에서
비빔밥 메밀전병 먹어도 허기지고
나전역 기차 안에서 흐느끼며 돌아왔네

감(甘)

스스로 감당 못할
떫고 비린 허무들을

버리고 비운 계절 넉넉한 가지마다

주홍빛
물든 알알이
풍요를 노래하네

채우고 또 채워도
욕망은 끝이 없고

우리네 인생살이 버리고 갈 것 많네

비워서 채워진 평화
충만해진 저 홍시

브로맨스*

천하던 노비 인생 종 3품 대호군의
벼슬을 내리시며 벗이라 칭하셨네
거친 손 어루만지며 용기 주신 그 사랑

중국과 맞지 않아 농사가 힘든 시절
해시계 물시계와 조선의 24절기
소중한 시간을 알린 자격루의 종소리

비 내려 별 숨은 날, 창호지에 먹물 칠해
구멍 내 만든 우주, 방안 가득 빛난 별을
곁에서 나란히 앉아 함께 보던 밤하늘

조선의 귀한 시간, 조선 하늘 열었건만
나라의 안위(安危) 위해 조정은 명과 내통
서글픈 명나라 속국 천문 의기 불태웠네

천재인 장영실을 명나라로 압송하자
세종은 참다못해 안여(安輿)*에 고장 낸 후
피 흘린 선왕 곤룡포 입고 세찬 결기 보이셨네

근정전 굳게 닫고 매서운 눈초리로
"역모다" 큰소리로 조정 신료 바로 잡자
사대부 거센 반발로 위기에 선 훈민정음(訓民正音)

신분을 초월하여 이십여 년 쌓은 우정
성군의 큰 뜻 알고 감내했던 희생으로
마침내 천민과 양반 읽고 쓰는 한글 탄생!

세상의 중심 되는 북극성은 주군의 별
그 옆에 자리잡은 영실의 작은 별이
더불어 꿈꾸던 나라 영원토록 찬란하리

*브로맨스: Brother와 Romance를 조합한 신조어. 남자와 남자 간의 애정을 뜻하는 단어로 우정에 가까운 사랑을 의미하는 진한 우정으로 영화 천문(天問)을 보고 시조로 엮음.
*안여(安輿): 임금이 타던 가마

어부의 아침

따개비 미역 소라
해초 캐던 유년시절
아낙네 웃음소리 정겨웠던 섬마을은
파도와
바다 비린내
넘실대는 삶의 터전

풍랑과 맞싸우며
탈진하던 첫새벽에
저 멀리 등대 불빛 아련히 비쳐 오고
허기져
지친 몸과 맘
위로하는 갈매기 떼

하얗게 안개 덮인
푸르른 항구 위에
아침 녘 시끌벅적 어시장 출렁이면

만선의
기쁨 알리듯
뱃고동도 우렁차다

노포(老圃)*의 법칙

골목 끝 남루하고 후미진 가게에는
오늘도 즐겨 찾는 단골들 반가웁고
주인장 고집 속 요리
자신 있게 선보이네

6.25 한국전쟁 부산까지 피난 오다
정착한 그 세월이 어느덧 칠십여 년
3대에 걸쳐 이어 온
순댓집이 되었다네

소시지 맛이 난다 쫄깃하다 푸짐하다
오동통 순대 집어 쌈장 찍어 입에 물며
서민들 고된 하루를
한 잔 술에 위로하네

천정은 몹시 낮고 간판은 희미한데
아무리 손이 가도 맛으로 승부한다
그 옛날 외조모 때부터
전수해 온 비법들

배추밭 원정일기*

일곱 명 원정대가 안개를 거둔 아침
해풍(海風)에 살이 여문 수천 포기 배추 단을
숙달된 저격수인 양 단칼에 베여낸다

한때는 고라니가 전멸시킨 출하 배추
김장철 한 밭떼기 절망으로 쓰러져도
트럭 위 구천 포기는 쟁여야 할 하루 무게

싱싱한 고갱이 쌈 허기를 잠재우고
망 자루 묶인 배추 차곡차곡 쌓여갈 때
고단한 시름 잊게 한 보고팠던 딸 전화

강릉서 해남까지 인고 속 십 년 세월
밑동 잘린 고랑마다 가족의 꿈 묻어둔 채
삭신이 저려오는 밤 별빛 속에 잠든다

*EBS 극한직업 "배추 출하 전쟁" 시청 후 그들의 삶을 시조로 표현함.

이사 온 도토리

산속의 아침 이슬
머금고 곱게 자란

진달래 아가씨가 시집올 때 몸종으로

부잣집 낯선 연못가
정붙이며 살아왔네

낮에는 잠자리와
참새들 벗 돼주고

밤에는 별님 달님 내려와 위로하니

연못 속 금붕어들도
시나브로 친구됐지

한 뿌리로 옮겨와
튼실한 가지 올려

비바람 눈보라를 견디고 지낸 세월

청명한 햇살 아래로
야무지게 영그는 꿈

밭 설거지

겨우내 숨이 죽은
고춧대 옥수숫대
바람결에 떠돌다 온 빈 허물 조각들을
갈퀴로
긁어모아서 태워버린 이른 봄날

묵은 땅 갈아엎고
텃밭에 골을 내어
비닐로 덮어주니 뉘엿뉘엿 해는 지네
흙 묻은
고단한 하루 훌훌 터는 저녁나절

오가는 할머니들
설거지 잘했다며
올해는 그 밭에다 무엇을 심을 거냐
궁금한
밭 자락 위로 벌써부터 싹 트는 봄

멧돼지가 되던 날

봄바람 살랑이면 가슴속 설렘 안고
소쿠리 옆에 끼고 들판으로 달려가면
햇살도 지지 않으려 먼저 가서 싹 틔웠지

등 뒤에 포근하게 감싸주던 봄볕 아래
멧돼지 다녀간 양 밭고랑을 후벼 파며
콧노래 흥얼거리며 소복소복 봄을 담고

심술 난 바람으로 마음이 급해져서
그놈이 돌진하듯 급하게 속도 내어
함께 간 아낙네들과 정신없는 나물 질주

온종일 지친 몸이 뉘엿뉘엿 저녁 오면
들에서 거둬들인 정성 어린 봄날 밥상
향긋한 냉이 된장국 온 동네에 퍼지던 날

4부 기억을 찾아 달려오는 푸른 날

바람이 불고 간 날 눈시울 밟혀오고
가슴에 별로 박힌 아련한 그대 얼굴
한 떨기 그리움 되어 세월 속에 남아 있네

라일락 그늘 아래서

봄 햇살 따사로워 꽃망울 터지던 날
초록빛 설레임에 하늘 끝 부풀더니
연보라 꽃으로 피어 그대 눈빛 담았네

안으로 무르익어 벙글던 내 사랑이
봄비로 향기로이 사르르 젖어 들면
살포시 꽃술 품었던 꿈결 같은 입맞춤

쓰디쓴 이파리는 이별의 예고였나
헤어진 안타까움 구름 속에 애써 감춰
열두 폭 애진 서러움 강물 되어 흘렀지

바람이 불고 간 날, 눈시울 밟혀오고
가슴에 별로 박힌 아련한 그대 얼굴
한 떨기 그리움 되어 세월 속에 남아 있네

단비

타들어 갈라져 간
거북이 등 논과 밭에
애타게 기다려 온 반가운 빗줄기를
맨발로
달려나가며
두 팔 벌려 맞이하네

메마른 대지 위를
촉촉이 적셔 주고
떠돌며 방황하던 마른 먼지 가라앉자
점점점
더 커져가는
폭포 같은 외침이여!

쓰러져 구부정한
풀들도 세워 놓고
늘어진 마른 잎새 물기 입혀 다려 주며

구겨진

내 영혼까지

위로하며 감싸 주네

바다

수시로 변해가는
저 하늘 다 품으며
붉은 해 퍼 올리며 온 세상을 밝힌 그대
소금 쳐
썩지 않으려
몸부림친 파도여

가슴속 요동치며
출렁이는 하얀 슬픔
바위에 제 몸 치며 시퍼렇게 멍이 든 채
부서져
깨지면서도
잃지 않는 푸르름

갈매기 물결 위에
낮잠 자던 한낮 가고
밤바다 닻별들이 내려와 놀다 가면

동트는

수평선 보며

붉은 하품 토해 낸다

키 작은 날의 반항

그 날은 왜 그랬지?
아버지 꾸지람에

뜨락에 놓여 있는
고무신을 던지던 나

키 작은 반항의 시작
들켜버린 내 마음

그 날은 왜 그랬지?
어머니 꾸지람에

앞마당 채송화를
발로 밟아 버리던 나

엉킨 맘 속 끓이다가
잠을 설쳐 버렸지

상추를 걷어내며

한 생을 마친 저녁
푸석한 대궁 남아

뿌리째 거둔 상추 바람 곁에 머무는가

구석에
쪼그려 앉은
늙은 엄니 굽은 잔등

애련타 여린 목숨
다 주고 남은 빈터

하늘 끝 닿은 설움 씨앗만 남겨 둔 채

빈손에
허공만 훑는
가녀린 하얀 생애

거리두기

너무나 가깝지도 너무나 멀지 않은
당신과 나 사이의 적당한 거리 간격
참으로 관계 유지가 힘겨웠던 난제였소

가까운 거리에선 서로의 허물 보여
멀리서 바라보니 사랑이 식어지고
서로의 애정 지킴은 배려가 필요했소

그대와 함께하던 가슴 뛰던 지난날들
몹시도 그립던 날, 내 맘 속에 바람 불고
마주 서 바라보면서 위로하고 의지하오

먼 길을 떠나가는 철도의 선로처럼
지구 위 공존하며 함께 갈 인생길에
소실점 되는 날까지 평행선을 유지하오

소를 팔듯 차를 판다

농부와 가족 되어 고된 일도 의지하며
힘겨운 많은 날들 함께 견딘 우직한 소
하지만 이별의 시간 안타깝게 다가왔지

이십 년 세월 가고 남은 건 노란 버스
너 있어 어린이집 버틸 수 있었단다
그 속에 담긴 흔적을 지우며 널 보낸다

하이얀 배꽃 같은 미소를 띠면서
아이들 차 태우며 부푼 꿈 실었던 날
추억 속 지난날들이 가슴 깊이 맴도는데

소 끌며 장터가 듯 차를 몰고 속초 간다
국도를 달려가며 애잔한 맘 추스르네
수명이 다할 때까지 굳세게 살아가라

텃밭 단상

배추 모 정성 들여
서둘러 심어주고
비닐에 구멍 내어 무씨도 뿌려 주며
갈증 난
텃밭 물 주니
이랑마다 웃음 짓네

쪼그려 밭을 보니
어느새 자란 풀들
겸허한 마음으로 눈 맞춰 바라보니
무심한
시간 속에서
안주하던 삶의 허무

내 안의 잡념들을
조용히 뽑는 시간
분주한 하루 속에 차분히 갖는 여유

텃밭 속
꿈꾸며 여는
충만한 가을 아침

초코이야기 · 1
-산책

아침 해 밝아오면 침대에 턱 고이고
엄마와 눈 맞추며 애교를 부리면서
외출복 입은 날 보며
컹컹 짖어 재촉하네

길 따라 나설 때면 신이 난 빠른 몸짓
이렇게 좋을까나 초코의 바깥 외출
온 동네 들썩이면서
너의 존재 알려 주네

산책을 마친 후에 대문 앞 다가서면
네 발에 힘주면서 아쉬워한 너의 눈빛
엄마는 안쓰러워서
또다시 동네 돌고

집에 온 우리 초코 네 발을 씻어 주면
두 눈을 초롱이며 간식을 기다렸지
누구도 부럽지 않은
하루가 시작되네

초코이야기 · 2
-여행

오월의 장미처럼 아리따운 우리 초코
바람 속 향기 따라 먼 길을 떠나가네
초롱초롱 너의 눈망울 내 맘속에 남았는데

하늘은 저렇게도 눈부시게 푸르른데
저리도 붉디붉은 만발한 장미 꽃잎
추억은 별빛이 되어 그리움에 목 메이고

엄마가 만들어 준 장미 요와 이불 덮고
소중한 추억 속에 편안히 잠들어라
네 가고 싶은 곳 찾아 자유의 몸짓으로

초코이야기 · 3
-비가 오면

보낸 지 열흘 되니
여름비 내려오고

장미꽃 비에 젖어 한 잎 두 잎 떨어지네

고였던 하얀 슬픔을
토해 내는 붉은 울음

길가에 쌓인 추억
눈물인지 빗물인지

적셔진 꽃잎들은 수북하게 덮이는데

아직도 하고 싶은 말
'보고 싶다!' 이 한마디

무덤가 별 초롱꽃
바람에 흔들리고

못다 한 아쉬움만 가슴 깊이 맴도는데

꿈속에 만나 볼까나
어여쁜 우리 초코

초코이야기 · 4
-슬픔을 말리며

천변의 들꽃 꺾어 무덤가에 놓아 본다
바람도 향기 따라 거닐던 그 길가에
아직도 너의 눈망울
너의 자취 남았는데

울타리 밑 떨어져 말라버린 꽃잎처럼
내 가슴 깊이깊이 서려 있는 너의 모습
널 향한 슬픈 이 마음
말릴 수만 있다면

친정을 떠나오며

친정을 떠나가는 둘째 딸 배웅하며
이제껏 곱게 키운 내 딸아 잘 살거라
다 자란 내 모습 보며 기쁘고도 슬펐던 날

갖가지 반찬 챙겨 어여 가라 하시면서
참았던 눈물 훔치며 돌아서 간 어머니
함께 한 빈 둥지 속에 추억만을 남겨 놓고

품 안의 자식들이 하나둘 떠나가니
이제야 깨달아진 어머니의 눈물 의미
그때도 어머니 마음 지금처럼 이랬을까?

우렁 아버님

그 옛날 우렁 색시 노총각 집 머물고
오늘날 우리 집에 우렁 아범 사셨네
아침에
현관문 열면
바구니 속 담긴 사랑

손 떨린 그 몸으로 이슬 핀 밭에 나가
호박잎, 가지, 고추, 토마토, 상추, 쑥갓
한가득
가만가만히
두고 가신 그 마음

생일

굽었던 아픈 허리
열 번 넘게 펴가면서
미세한 신음으로 다독여 관절 끌고
며칠 전
시장을 돌며
준비하신 그 손길

며느리 생일날에
차려주신 푸짐한 상
부치고 지져가며 무쳐 만든 음식 속에
사랑의
조미료 뿌린
어머님의 깊은 사랑

봉숭아 애가(哀歌)

꽃 필 때 오신 몸이
꽃 질 때 떠나셨네

팔순의 할미소녀 고운 물 들이고파

수줍은
다홍색 꽃잎
한 잎 한 잎 따셨지

두 아들 이별하고
눈물 어린 새벽 뜨락

애섧은 어미 가슴 찢기고 떠나갈 때

어머님
손톱 뿌리엔
피멍물이 고였다

미완성 꿈의 자취
아쉬움 뒤로 한 채

떠나신 노을 길에 삶의 무게 내려 놀 때

씨방이
왈칵 쏟아 낸
진홍빛 울음 닷 되

봄은 언제 오려나
-일용직 남편

매서운 찬바람이
이불 속 스며든 날
옷가지 주섬주섬 챙겨 입고 집 나서네
남편이
떠난 자리에
가슴 한 켠 아려오고

서투른 막노동에
걱정이 앞서지만
바람에 떠밀리듯 겨울 안개 헤쳐 가니
오늘은
일 없다면서
돌아왔던 슬픈 아침

다음날 새벽 되어
나간 남편 오지 않아
온종일 걱정 근심 어제보다 커져 가고

십오 도
바람 속 혹한
얼어붙은 내 심정

화장(火葬)

향기도 마른 육신
화장(化粧)으로 덧칠하고
진흙탕 헤치며 온 파랑(波浪)의 시간 속에
삭아진 관절 매만져
애달프게 살아온 길

긴 세월 가슴 저민
이승에 남긴 인연
잔뼈로 굵어졌던 속세의 흔적들이
썰물에 몸을 싣고서
화염 속에 사라진다

가슴에 품은 열정
빛바랜 추억되고
머리 푼 그리움의 들숨날숨 내리막길
노을 속 뜨거운 회한
눈시울을 붉힌다

잔열(殘熱)의 미련처럼
역류하고 싶은 세월
한 줌 재 되어버린 앙상해진 생의 무게
허공에 한(恨)을 뿌리며
사립문 밖 길 떠난다

두손 병원 응급실

진물 난 손가락을 붕대 감아 동여매고
밤새 켜진 전등 아래 선잠을 청했는데
온몸을 에워싸가며
난타하는 통증들

손과 발 귀한지도 모르면서 살았지만
한평생 우리 가족 먹여 살린 귀한 지체
수술실 서성이면서
애간장이 녹는다

화장실 문에 붙은 가슴 치는 짧은 글에
아픈 손 부여잡고 스스로 위로한다
내일은 오늘보다도
더 좋은 날 올 거라고

위기를 극복하는 DNA

세상은 가짜뉴스 마스크는 품절이다
날마다 확진 환자 기하학적 증가하고
대규모 돌발적 상황 전 국민이 불안하다

경제는 악화되어 마음조차 얼어붙네
코로나* 바이러스 전쟁보다 더 무섭고
이전의 사스, 메르스 상황보다 심각하다

세계의 공항마다 코리아 입국 금지
사회적 거리로서 서로서로 보호하며
그래도 심리적 거리 좁혀 가며 의지하네

이 또한 지나가리 금융 위기 이겨 내듯
전 국민 금을 모은 인정 어린 손길들로
아직도 미지의 영역 극복한다 반드시!

*코로나: 코로나19(COVID-19) 2019년 12월 중국 우한시에
 서 발생한 바이러스성 호흡기 질환

■ 평설

해맑은 시혼과 영성 회복의 울림소리
-김지운 시조집『내 영혼에 수를 놓다』

이광녕
(문학박사, 문예창작지도교수, 한국시조협회고문)

1. 추억, 그 해맑은 풀빛 그리움의 파노라마

시인은 추억과 그리움을 먹고 산다. 흔히 작품성을 평가할 때 '토속적(土俗的)이다 회고적(回顧的)이다 향수적(鄕愁的)이다'라는 말을 자주 하는데, 이러한 경우는 '추억'이나 '그리움' 등과 그 맥이 잇닿아 있다. '대자연 속의 고향'이라는 생태적 본향(本鄕)을 향한 회귀의식(回歸意識)으로부터 우러나오는 향수(鄕愁)와 그리움이, 풍부한 감성과 상상력을 촉진한다.

1940년대 이후 시조 문학의 중흥적 역할을 담당했던 초정(艸丁) 김상옥(金相沃) 시조시인은 작품 활동 초기에는 시조의 전통형식을 잘 지켜내다가 후기 들어서는 실험적 시조들을 많이 발표했는데, 오히려 시조의 정격을 잘 지켜낸 초기작들이 교과서에 실릴 정도로 훨씬 독자들의 감동과 호응을 받았다. 초기 작품들은 파격을 하지 않았고, 시조의 전통성을 잘 지켜냈을 뿐만 아니라, 지난날의 '추억과 그리움'이라는 만인 공통의 공감 정서가 한 몫을 차지했다. 누님을 생각하는 추억의 시조 「봉선화」, 그리고 고향에 대한 그리움이 곡진하게 드러나 있는 「사향(思鄕)」 같은 작품들이 그러한 예이다.

   지운 시인의 작품세계도 본향을 찾아가는 풀빛 그리움이 잔잔히 큰 감동을 자아내고 있다. 이 작품은 풋풋하고 정감 넘치고 서민적이면서도 소망적인 인상을 짙게 풍겨 주고 있다. 형식 면에서도 우리 시조의 전통적 특성을 잘 소화해 냈고, 내용 면에서도 '추억과 그리움'의 깃발이 글 전편에 나붓거리며, 해맑은 풀빛 감성으로 작품성을 한껏 고조시키고 있다.

> 풀벌레 울음소리 은여울로 흐르는 곳
> 어색한 떨림으로 들꽃 다발 받아들고
> 수줍어 붉어진 얼굴 / 고개 숙인 열일곱
>
> 살며시 어깨 위로 올라온 네 손길이
> 봉숭아 물든 손톱 살그레 만지던 날
> 심장은 콩닥거리며 / 십리 길을 달렸지
>
> 꿈인 듯 우련하게 다가오는 그날 고백
> 풀물 든 자국처럼 아직도 남아 있어
> 하늘 끝 맴돌고 있는 / 너를 향한 그리움
>
> 먼 들길 어린 추억 실바람 타고 오면
> 지금도 가슴 안쪽 수런대는 풀잎 향기

다시금 기억을 찾아 / 달려오는 푸른 날
- 「풀빛 고백」 전문

  이 글을 읽으면 누구든지 파릇한 젊은 날의 그리움 속으로 달려가게 된다. 사람으로 태어나서 이러한 풋풋한 사랑, 풋풋한 그리움의 동경심이 없다면 어찌 감성을 지닌 존재라고 말할 수 있겠는가? 사랑 체험은 생명소이며, 대상을 향한 그리움은 자신도 모르게 진실한 고백을 낳게 된다.

  이 글 속에는 수줍은 열일곱 젊은 날의 풋풋한 사랑이 풀빛 환경을 배경으로 필름 돌리듯 향기롭게 펼쳐져 있다.

  세월은 흘러가도 콩닥콩닥 다시금 두근거리는 가슴으로 그날의 그 현장으로 다시금 달려가게 하며 아름다웠던 추억의 한 시절을 풀빛 감성으로 채색하면서 고백적으로 잘 그려내고 있다.

봄바람 살랑이면 가슴 속 설렘 안고
소쿠리 옆에 끼고 들판으로 달려가면
햇살도 지지 않으려 먼저 가서 싹 틔웠지

등 뒤에 포근하게 감싸주던 봄볕 아래
멧돼지 다녀간 양 밭고랑을 후벼 파며
콧노래 흥얼거리며 소복소복 봄을 담고

심술 난 바람으로 마음이 급해져서
그놈이 돌진하듯 급하게 속도 내어
함께 간 아낙네들과 정신없는 나물 질주

>온종일 지친 몸이 뉘엿뉘엿 저녁 오면
>손으로 거둬들인 정성 어린 봄날 밥상
>향긋한 냉이 된장국 온 동네에 퍼지던 날
>- 「멧돼지가 되던 날」 전문

 아름다움은 진솔함에서 싹이 튼다. 이 글을 읽으면 봄나물을 뜯으려고 분주히 여기저기 눈길을 돌리며 풀밭을 살피는 아낙의 동태가 떠오른다. 봄나물을 뜯는 아낙의 마음이 봄 풀밭 색채처럼 티 없이 파릇파릇하고 진솔하여 그 아름다운 시향도 한껏 봄나물처럼 입맛을 돋우어 준다.
 여기저기 밭고랑 풀밭을 헤집고 다니기에 '멧돼지'라고 표현했을 텐데, 그나저나 식구들에게 새롭게 채취한 향긋한 냉잇국을 맛보이려는 아낙의 앞서가는 극진한 정성이 냉이 된장국처럼 구수함이 느껴진다. 욕심 많은 멧돼지처럼, 봄나물을 뜯으려 경쟁적으로 마음이 앞서가는 봄 아낙의 심리 상태가 흥미로운 시상으로 전개되어 있어 큰 감동을 준다. 이러한 시조들의 창작 모티브를 살펴볼 때는 서민적 풍모가 시향의 별미를 느끼게 한다.

2. 극진한 사랑과 도타운 인간미

 지운 시인의 작시법은 현학적인 기교나 고도의 수사력을 추구하기보다는 담백한 목소리로 진솔하게 내면적 목소리를 전달하는 인간미에 그 바탕을 두고 있다. 세상 물욕에서 벗어나 초야에서 차분하고 정돈된 심경으로 시 창작에 몰두하고 있는 선비 같은 문인정신이 풍겨온다. 시인의 작품 속에서 우러나오는 소박하고 도타운 인간미는 누구든지 함께 공유할 수 있는 공감력을 지니고 있다.

    그 옛날 선비들의 귀양살이 유배지던
    정선에 딸 보내며 마음이 우울하다
    산길을 구비 돌아서 도착했던 낯선 땅

    아늑한 시골 마을 병풍 같은 산 아래의
    관사(官舍)에 짐을 풀고 떼지 못한 부모 발길
    발병 난 아리랑 속의 인물처럼 멈춰 섰다

    통통한 젖살 오른 앙증맞던 그 아이가
    어느새 다 자라서 제 몫을 한다는데
    연결된 탯줄을 자른 그날처럼 맘이 허해

    곤드레 잔뜩 쌓인 아우라지 장터에서
    비빔밥 메밀전병 먹어도 허기지고
    나전역 기차 안에서 흐느끼며 돌아왔네
                        - 「정선에 딸을 보내며」 전문

이 글은 낯선 벽지 정선 땅으로 한 몸 지체인 딸을 공무원 첫 발령지인 학교 관사에 혼자 두고 오면서 그 안쓰러움을 잘 그려낸 시조이다. '치사랑'보다는 '내리사랑'이 더 극진하다 했는데, 문명과는 거리가 먼 심심산골 외진 벽지로 정든 딸을 떼어 보냈으니, 그 부모의 마음이 얼마나 안타깝고 애절하였을까? 그곳에 다녀오면서 발병 난 아리랑 속의 인물처럼 떨어지지 않는 발걸음을 도장 찍듯 점점이 찍으며 수십 차례 뒤돌아보다가 간이역 열차 칸 속에서 흐느끼며 돌아오는 화자의 모습이 어느 영화의 한 장면처럼 애처롭다.

> 굽었던 아픈 허리 / 열 번 넘게 펴가면서
> 미세한 신음으로 다독여 관절 끌고
> 며칠 전 / 시장을 돌며 / 준비하신 그 손길
>
> 며느리 생일날에 / 차려주신 푸짐한 상
> 부치고 지져가며 무쳐 만든 음식 속에
> 사랑의 / 조미료 뿌린 / 어머님의 깊은 사랑
> -「생일」전문

이 글은 며느리의 입장에서 시어머니의 깊은 사랑을, 작위적인 문장 수식이나 기교를 동원하지 않고 진솔하게 읊어내고 있다.

화자는 본인의 생일 준비를 해주신 시어머니의 손길과 사랑에 감복하여서 음식마저도 '사랑의 조미료' 뿌린 것이라고 비유하니, 그 결 고운 고부간의 사랑이 더없이 숭고하기만 하다.

지운 시인은 이 밖에도 「아버님의 자전거」, 「봉숭아 애가」, 「우렁아버님」, 「묻어 둔 기억」, 「친정을 떠나오며」, 「내가 반한 남자」, 「고시원의 밤」 등 여러 작품을 통하여 작가로서의 인정과 사랑의 풍부한 감성을 글로 표현하였다.

3. 화초목(花草木)과의 교감과 자연 섭리에 대한 깨달음

시인이 되면 개안(開眼)되어 세상이 달라 보이고, 일체의 삼라만상이 새롭게 변하여 보인다. 죽어 있던 생명체가 숨을 쉬고, 침잠했던 화초목(花草木)이 웃음꽃을 활짝 피우고 웃음 지으며 시인 앞에서 춤을 춘다.

공자께서 젊은이들에게 "너희는 어찌하여 시를 배우지 않는가? 시는 감흥을 일으키게 하고, 사물을 관찰하게 하며, 문우들과 회합을 갖게 하며, 비평할 수 있는 능력을 갖게 하며, 가까이는 부모를 섬기고, 멀리는 임금을 섬기며, 새와 짐승과 풀 나무들의 이름을 많이 알게 하느니라(小子 何莫學夫詩 詩 可以興 可以觀 可以群 可以怨 邇之事父 遠之事君 多識於鳥獸草木之名)"라고 말씀하셨다.

지운 시인의 작품세계를 들여다보면 이러한 선인 현자의 시관(詩觀)에 아주 가깝게 근접되어 있음을 직감하게 된다. 꽃을 닮은 늘 푸른 마음씨의 청정(淸淨) 시인, 작품 중 많은 부분이 자연 섭리(攝理)와 화초목(花草木)에 대한 해맑은 감성이 아름다운 글로 환생되어 눈길을 끈다.

　　봄 햇살 따사로워 꽃망울 터지던 날
　　초록빛 설레임에 하늘 끝 부풀더니
　　연보라 꽃으로 피어 그대 눈빛 닮았네

　　안으로 무르익어 벙글던 내 사랑이
　　봄비로 향기로이 사르르 젖어 들면

　　　　살포시 꽃술 품었던 꿈결 같은 입맞춤

　　　　쓰디쓴 이파리는 이별의 예고였나
　　　　헤어진 안타까움 구름 속에 애써 감춰
　　　　열두 폭 애진 서러움 강물 되어 흘렀지

　　　　바람이 불고 간 날, 눈시울 밟혀오고
　　　　가슴에 별로 박힌 아련한 그대 얼굴
　　　　한 떨기 그리움 되어 세월 속에 남아 있네
　　　　　　　　　　　　　　－「라일락 그늘 아래서」 전문

　이 글의 시상도 추억의 산물이지만, 그 사상의 흐름이나 정서의 표현이 진부하게 추억의 사실만을 나열해 놓은 것이 아니고, 당시의 사랑 감성 심리를 물 흐르듯 아주 유연하게 서정적으로 시상을 전개하여 서정시의 표본을 보여 주는 듯하다. 이 글은 라일락 짙은 향기 사연 속에 담긴 곡진한 사랑 체험과 거기서 우러나온 안타까운 사랑 추억이 진솔한 고백적 시상으로 멋지게 전개되어 있다. 전체적으로는 '꽃망울 터지던 날의 초록빛 설레임→꿈결 같은 입맞춤→이별→별로 박힌 그리움'이라는 시상의 프레임이 가슴 속 강물이 되어 지금도 라일락 향기 속에 넘실거리고 있는 듯한 느낌을 준다.

　어찌 이리도 감성에 알맞은 화목(花木)과 접맥되어 유연하고 애절하게 시상의 나래를 잘 펼칠 수 있단 말인가! 이 글의 소재인 라일락꽃은 시인의 감성을 자연 속으로 끌어들이는 매개체의 역할을 톡톡히 잘 해 내고 있다고 보아야 할 것이다.

> 기나긴 겨울 지나 / 눈 녹아 숨 쉬는 땅
> 차디찬 대지 위에 봄바람 스며들면
> 햇살의 간지러움에 / 기지개 편 / 푸른 꿈
>
> 들녘 위 아낙네들 / 도란도란 냉이 캐고
> 물오른 고랑마다 아지랑이 피어나면
> 차가운 바람 향기에 / 움을 틔운 / 연둣빛 봄
>
> 먼 산의 뻐꾸기가 / 왈츠로 시서귀면
> 보슬비 속삭임에 청보리밭 촉촉한 흙
> 살포시 리듬 타면서 / 구릿빛 / 춤을 춘다
> -「흙의 노래」전문

 이 글을 읽으면 물오른 대자연의 숨 쉬는 소리가 귀에 들려오는 듯하다. 햇살 넘치는 파릇한 대지에서 들려오는 청아한 자연의 목소리, 그리고 거기에 자연의 일부로서 냉이를 캐는 인간과 새들과 촉촉한 땅의 청보리밭, 그들은 하나가 되어 봄을 노래하며 구릿빛 춤을 춘다.
 '흙'은 인간의 본향이다. 인간은 본태적으로 모성과 모태를 추구하는 심성이기에 그 '흙'이야말로 인간이 돌아갈 본향이며 자연의 밑바탕이라고 할 수 있다. 일찍이 노자는 '무위자연(無爲自然)'의 사상철학을 강조하였다. 이 글은 이러한 대자연의 섭리 위에 자연 질서의 순환의식, 그리고 인간의 본향 의식이 잘 조화를 이루고 있어 상당히 철학적 공감

력이 뛰어나다.

  자연의 일부로서 축복된 삶을 구가하는 인간과 삼라만상, 맑고도 청아한 느낌을 주는 시적 분위기를 조성하면서 춤과 노래로까지 엮어낸 글솜씨가 퍽 인상적이다.

>붉은 해 떠올릴 때 / 요란한 소리 없고
>차디찬 둥근 달도 아무런 말이 없다
>봄밤에 / 향기로 채운 / 만발한 꽃들 향연
>
>온 세상 다 밝히고 / 다 채워도 은밀하게
>스스로 말 안하고 묵묵히 그 자리에
>우주 속 / 생의 움직임 / 소리 없이 위대하다
>   - 「은밀하고 위대하게」 전문

  이 글의 창작모티브는 의미심장하다. 의미 깊은 시들을 창작해 본 시인의 시심이라면 금방 이 작품의 주제의식에 접근하게 될 것이다. 본래 위대한 것은 시끄럽지 않고 고요하며 그 정밀 속에 신비스러운 창조의 섭리가 스며들어 있다. 인간세상은 온통 혼돈의 상태이고 고금을 털어 다 시끄러운데, 대자연 속의 해와 달, 그리고 봄빛 속의 봄 향기는 불변의 은밀함과 고요함 속에서 질서를 지키며 만물에게 은택을 베풀고 있으니, 그 거룩한 위대성이야 어디다 비할 데가 없다. 하나의 속물이요 미물에 불과한 인간이 대자연의 불변한 은밀함과 고요함을 닮아간다면 그보다 더 위대한 존재가 어디 있으랴! 이 글의 작가는 이러한 대자연의 위대한 섭리를 간파하고 그것을 닮아가려고 하는 인생철학이 봄 햇

살처럼 빛나고 있다.
   이 작품은 사물에서 얻어낸 직감적 감성 외에 우주질서와 깨달음으로 얻어낸 자연섭리의 철학까지 잘 드러나 있기에 큰 감동을 준다.

4. 서민적 품성과 권토중래(捲土重來)의 소망 의지

   한국적 토속적인 이미지는 세련미보다는 소탈한 소박미에서 찾을 수 있는데, 향긋한 커피 맛보다는 구수한 숭늉 맛이나 컬컬한 막걸리 맛이 더 서민적 정서의 맛과 멋을 풍기는 것 또한 독특한 시적 매력이라 볼 것이다.

> 안주인 양 팔뚝에 상흔(傷痕)이 선연하다
> 살아온 자취만큼 세월을 휘돌아서
> 건너는 여울 살마다 굽이굽이 견딘 삶
>
> 비릿한 세상살이 서글픔 우려내고
> 살코기 내장 순대 뚝배기에 찰랑이면
> 후끈히 달아오르는 혈관 속의 포만감
>
> 남루한 일상들은 더께로 쌓여지고
> 잡다한 상념 속에 소주가 희석될 때
> 고역의 시름 토하며 아수라 꽃 피운다
>
> 취기로 비틀대는 파장(罷場)의 순댓집에
> 뽀오얀 국물처럼 다가오는 주인 미소

긴 여정 고단한 하루 별빛 속에 묻힌다
- 「복돼지 순댓집」 전문

　작품 속에 등장하는 뚝배기, 소주, 내장 순대 등은 서민적 정서를 불러일으키는 소재들이다.
　대체로 순댓집은 울적한 서민들의 위안 장소이다. 소주 한 잔 기울이며 무상한 인생론에, 세상 돌아가는 이야기에, 그리고 화풀이 넋두리에 세상 풍자 해학까지 꽃이 피어나니, 순댓집이야말로 얼큰한 서민 정서가 무르익는 소탈한 고향인 것이다.
　작가는 서민들의 비릿한 세상살이 서글픔과 살코기 내장 순대로 우려낸 국밥 뚝배기가 찰랑대면 시장기에 포만감은 후끈히 달아오르고 잡다한 상념도 소주가 희석되어 고역의 시름 토하며 아수라 꽃 피운다고 하였다. 여기서 '아수라 꽃 피운다'라는 뜻은 아마도 술 취한 사람들이 내뱉는 '화풀이의 넋두리'를 미화시킨 표현일 것이다. 마지막 연에서는 휘청거리던 하루의 일과를 마감하는 파장의 순댓집을 그려냈는데, '뽀오얀 국물 닮은 주인의 미소'가 이 글의 제목인 '복돼지'의 미소 이미지와 상통하여 시적 묘미를 더해주고 있다.

　　　꼭지네 가게 지나 / 은행나무 상점에는
　　　콩나물 한 움큼을 더 주는 후한 정에
　　　동트는 / 아침이 오면 / 재촉하는 우리 엄마

소쿠리 그득 담아 / 오는 길 가만가만
　　　꼭지네 볼까 봐서 콩콩콩 뛰던 가슴
　　　소쿠리 / 콩나물들도 / 덩달아 콩닥콩닥
　　　　　　　　　　　　　　　　- 「콩나물 한 움큼」 전문

　이 글은 '콩나물'을 소재로 서민적 감성을 한층 살려낸 좋은 시조이다. 콩나물을 사러 갈 때, '꼭지네 가게'보다는 '은행나무 가게'가 더 후한 인심을 베풀어, 인심 좋은 가게 쪽으로 달려가게 되며, 화자는 콩나물을 사서 돌아오는 길에 행여나 '꼭지네 가게'에 들킬까 봐 가슴이 콩닥콩닥, 몰래몰래 발걸음을 옮긴다는 표현이 아주 흥미롭게 전개되어 있다. 특히 '콩콩콩'이나 '콩닥콩닥'과 같은 의성, 의태어를 이용하여 등장인물의 심리묘사가 뛰어나고 서민적 삶의 현장감을 느낄 수 있어 시적인 맛을 한층 더 풍겨 주는 좋은 시조이다.

　　　날마다 놀이하고 / 호흡하며 쌓은 시간
　　　구별된 벽에 스민 무지갯빛 지난날이
　　　생각 속 / 요동친 미련 / 앙금처럼 가라앉고

　　　'쿵' 하고 벽 허물 때 / 아련한 너희 기억
　　　조각나 부서지는 먼지처럼 흩어지며
　　　웃지만 / 울고 서 있는 / 내게로 와 위로한다

　　　심장을 불태우며 / 질주하던 어린이집
　　　이십 년 세월 속에 쌓아 올린 시간들이
　　　추억의 / 그림자 물고 / 고개 돌려 미소 짓네

  더께로 화석이 된 / 묵은 상처 벽지 떼며
  내 생애 더 좋은 날 오리라 기대하니
  벽 하나 / 허물 때마다 / 넓어지는 희망 지평
           - 「전환(轉換)」 전문

 이 글은 20년 정성이 깃든 어린이집을 떠나게 되었을 때, 아이들을 위해 정성껏 꾸며 놓았던 것들을 철거하면서, 그 아쉬움과 가슴 아픔을 글로 엮어낸 것이다. 어린 제자들을 사랑하는 스승의 입장에서, 초롱초롱 빛나는 정든 꿈나무들을 두고 떠나가는 석별도 마음 아픈데 20년 동안의 보금자리 흔적마저도 다 허물어버려야 하니, 만감이 교차하였을 것이다. 벽을 부수고 벽지를 떼어 내며 벽 하나 허물 때마다 가슴 한쪽 구석이 연달아 무너지고 아름다웠던 추억도 안타깝게 매몰되어 갔을 것이다.

 그러나 작가의 붓끝은 절망의 늪 속에서 허우적거리지 않고 하늘빛을 따라 재기(再起)의 벌판으로 향하고 있음을 알 수 있다. 스스로를 위로하면서 묵은 상처의 벽지를 떼어내며 '더 좋은 날'을 고대하면서 벽을 허물고 새 희망의 지평을 넓혀가고 있다. 교육자로서의 애착 어린 교육 열정과 재기의 꿈을 다지는 전환(轉換) 의식이 넘치는 시심이 눈물겹다.

  진물 난 손가락을 붕대 감아 동여매고
  밤새 켜진 전등 아래 선잠을 청했는데
  온몸을 에워 싸가며 / 난타하는 통증들

  손과 발 귀한지도 모르면서 살았지만

한평생 우리 가족 먹여 살린 귀한 지체
　　수술실 서성이면서 / 애간장이 녹는다

　　화장실 문에 붙은 가슴 치는 짧은 글에
　　아픈 손 부여잡고 스스로 위로한다
　　내일은 오늘보다도 / 더 좋은 날 올 거라고
　　　　　　　　　　　　- 「두손 병원 응급실」 전문

　부부는 일심동체(一心同體)이다. 손가락 걸고 검은 머리가 파뿌리될 때까지 평생을 반려자로서 해로하기를 기약하며 온갖 고난의 길을 감내해온 동체이다. 그러기에 한 지체가 불의의 사고를 당하거나 급환으로 쓰러지면, 그 배우자 역시 제 몸 상한 듯 통증이 난타하고 애간장이 타는 것이다.
　이 글에서 화자는 두손병원 응급실로 실려 간 남편이 수술실로 들어간 뒤 노심초사 애간장이 타들어 가는 심정을 생생하게 그려내고 있다. 지운 시인은 발을 동동 구르고 있었지만, 자신을 위로하면서 빠른 회복과 '더 좋은 날'을 간구하며, 남편을 위한 기도에 충만해 있었을 것이다.
　지운 시인의 시상 전개 특징은 생명력 내비치는 극복의 종결방식이다.

5. 문인으로서의 작시정신과 구도정신

　명심보감 부행편(婦行篇)에, 여인이 지녀야 할 4덕(德)의 명예를, '婦德(부덕)', '婦容(부용)', '婦言(부언)', '婦工(부공)'

이라 하였는데, 풀이하면 마음씨, 맵시, 말씨, 솜씨를 명예로운 여인의 4덕으로 꼽은 것이다.

  필자는 지운 시인의 삶의 모습과 태도에서, 작품세계 곳곳에서 그러한 사덕지예(四德之譽)를 많이 발견하였다. 맑고 밝은 넓은 심성과, 청아하고 소박 단정한 용모, 바른 생각에서 우러나온 정돈된 말솜씨와 영혼에 수를 놓고 재치로 빚어내는 솜씨 등, 그 품격이 매우 돋보이기에 놀라움을 금치 못하였다.

    장마철 빨래 말릴 / 틈새의 햇살처럼
    시간의 악보 속에 쉼표로 잠시 쉬며
    다시금 여유를 찾아 / 푸르른 날 달려오네

    구름 속 가을볕에 / 고추를 말리듯이
    틈을 내 읽는 시(詩)집 별이 뜨고 샘이 솟아
    생명의 양식이 되어 / 영혼을 살찌우네

    마름 천 조각조각 / 엮어 만든 퀼트처럼
    바늘 끝 한 땀 한 땀 완성하는 기쁨 안고
    시간을 바느질하며 / 내 영혼에 수를 놓네
                  - 「자투리 시간을 엮어 가며」 전문

  지운 시인의 삶의 방식 중 중요한 생활 모토는 영혼을 살찌우는 것이다. 일상의 쉼표로 에너지를 충전하며, 틈새의 햇살로 힘을 얻어 그 자투리 시간에 영혼을 살찌우고 수를 놓는 것이다.

자투리 시간을 남들처럼 헛되이 낭비하는 것이 아니라, 사색에 잠겨 글을 읽고 시를 쓰며, 한 땀 한 땀 정성 들여 시간을 바느질하다 보면, 별이 뜨고 샘이 솟으며 여인의 심덕(心德)이 길러지고 부공(婦工), 즉 솜씨가 경이롭게 되는 것이니, 이 얼마나 보람찬 나날이겠는가?

필자는 "곱게 물든 단풍은 봄꽃보다 더 예쁘다"라는 말을 자주 한다. 인생의 황혼 녘에, 살아오면서 인격 수양을 위해 노력한 사람은 아름답고 젊은 청춘 꽃보다 더 그 단풍의 모습이 예쁘다는 말이다. 이 글은 참된 인생을 살아가는 시인의 맑고 밝은 시혼이 영혼에 수를 놓아가는 모습으로 환치되어 있어 부덕의 생명감이 있으며, 시적 감흥을 더해주는 인상 깊은 시조이다.

> 오늘도 호숫가에 / 미끼를 던져 본다
> 마음을 내려놓고 바라보는 물결 위에
> 대어를? / 미꾸라지를? / 동공은 흔들리고
>
> 낚싯대 들어보니 / 보이는 건 허탄한 시심
> 또다시 내던지고 내려놓는 가슴 속에
> 조용히 작은 시어들 / 몰려오는 한나절
>
> - 「시(詩)」 전문

시(詩)를 낚는 일은 그리 쉽지만은 않다. 노심초사 미끼를 던지고 머리를 짜내도 오랫동안 소식이 없거나 허탕 치기 일쑤다. '포시법(捕詩法)'이란 풀잎에 앉아 있는 잠자리를 잡으려 할 때, 가만가만 조용히 다가가 일발필중(一發必中)의 순간적 솜씨로 재치 있게 낚아채야 하는 것처럼, 작시할 때에도 순간적 시상을 놓치지 말고 붙잡아 두어야 한다는 말이다.

  이 글은 좋은 글, 즉 대어를 낚기 위해서 고심을 하는 시인의 작시고(作詩苦)가 잘 드러나 있다. 대어를 낚아 월척을 했으면 좋으련만 그런 행운이 어찌 그리 쉽게 다가오겠는가? 그런데 작가는 이 글에서 낚싯대를 들어 올려 보니 허탄한 마음 또는 피라미 같은 작은 시어들뿐이라고 겸손히 말하고 있다.

      배추 모 정성 들여 / 서둘러 심어주고
      비닐에 구멍 내어 무씨도 뿌려 주며
      갈증 난 / 텃밭 물주니 / 이랑마다 웃음 짓네

      쪼그려 밭을 보니 / 어느새 자란 풀들
      겸허한 마음으로 눈 맞춰 바라보니
      무심한 / 시간 속에서 / 안주하던 삶의 허무

      내 안의 잡념들을 / 조용히 뽑는 시간
      분주한 하루 속에 차분히 갖는 여유
      텃밭 속 / 꿈꾸며 여는 / 충만한 가을 아침
                              - 「텃밭 단상」 전문

  이 글을 읽으면 옛 선비들의 안분지족한 생활상을 연상하게 된다. 귀에 묻어온 세상 오욕은 시냇물에 씻어내고 마음속의 잡념 번뇌는 풀 뽑아내듯 조용히 뽑아내면서, 겸허함으로 씨를 뿌리며 농심을 심어가는 시인의 구도정신(求道精神)이 무척이나 높고 여유롭고 문인답다.

  지금까지 지운 시인의 작품세계를 주제의식별 다섯 분야로 나누어 살펴보았다.
  시상의 흐름이나 인생관, 생활 철학을 돌아볼 때 높은 인품의 바탕 위에 탁월한 창작능력, 그리고 시적 재능을 고루 갖춘 걸출한 작가이다.
  사덕(四德)을 겸비한 인격적 바탕 위에, 여성적 감성으로 수련된 붓끝이 서책에 넘나드니, 이번에 상재하는 시조집, 『내 영혼에 수를 놓다』가 메마른 독자들의 마음을 한껏 촉촉하게 적셔 줄 것으로 믿는다.

更子年 盛夏 三盆 寓居에서 曉峯 撰